# NOTICE

### HISTORIQUE & BIOGRAPHIQUE

SUR

# CHARLES REYNAUD

*Par A. FABRE*

Président du Tribunal civil de Saint-Étienne

AVEC

Portrait à l'eau forte de Léopold Flameng

## VIENNE

E.-J. SAVIGNÉ, IMPRIMEUR - ÉDITEUR

1877

# NOTICE



HISTORIQUE & BIOGRAPHIQUE

SUR

# CHARLES REYNAUD

*Par A. FABRE*

Président du Tribunal civil de Saint-Étienne

AVEC

Portrait à l'eau-forte de Léopold Flameng

## VIENNE

E.-J. SAVIGNÉ, IMPRIMEUR - ÉDITEUR

1877

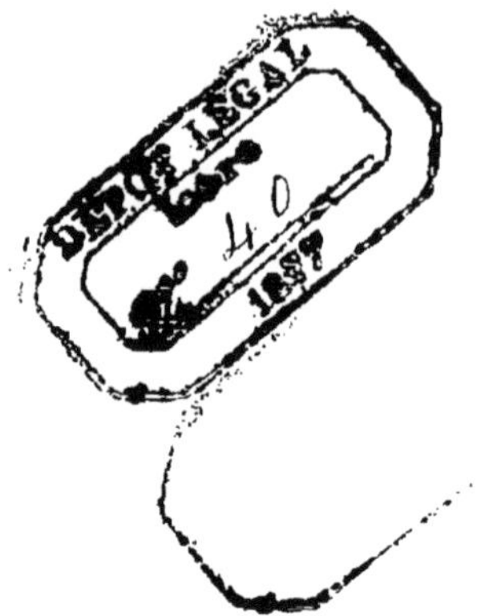



# NOTICE

SUR

## CHARLES REYNAUD

# $\mathcal{N}OTICE$

## HISTORIQUE ET BIOGRAPHIQUE

### I

JEAN-CHARLES-LOUIS REYNAUD naquit à Vienne (Isère), le 16 mai 1821, dans la maison appelée le Doyenné, qui sert aujourd'hui de cure à l'église de St-Maurice. Sa famille comptait parmi les premières de la meilleure bourgeoisie dauphinoise; son père, Jean-Baptiste Reynaud, remplit assez longtemps, sous la Restauration, les fonctions de juge de paix; sa mère, Antoinette-Betzy Guillermin, était la fille d'un lieutenant-colonel d'infanterie qui fut maire de Vienne pendant 16 ans.

La naissance de Charles Reynaud fut un bonheur inespéré pour ses parents. Elle arrivait après dix-huit ans de mariage. Le jeune enfant reçut la première éducation dans la maison paternelle.

On devine sans peine la direction qui fut imprimée à ses études. La famille était profondément religieuse et ardente royaliste ; aussi Charles fut-il, à l'âge de 12 ou 13 ans, envoyé au collége de Feyzin tenu alors par des ecclésiastiques, puis au pensionnat de Bornes, à Cuire. Il y fit de bonnes études qu'il termina, en 1837, au collége de Lyon, où il suivit le cours de philosophie professé dans ce célèbre établissement par l'abbé Noirot, qui avait la réputation d'un homme de grand savoir.

Reçu bachelier ès-lettres à Lyon même, peu de temps après il commençait son cours de droit à la Faculté de Grenoble.

Le père de Charles mourut vers cette époque, laissant à son fils, avec une plus grande indépendance, une assez belle fortune territoriale, consistant en plusieurs domaines ruraux d'un bon produit, situés à la Roche, commune de Ville-sous-Anjou, avec un manoir de maître. M<sup>me</sup> Reynaud, de son côté, possédait aux environs de Vienne des immeubles d'une réelle importance.

Le jeune étudiant n'avait pas le projet de suivre la carrière du barreau ou de la magistrature. Ses goûts ne le poussaient pas vers les fonctions publiques qui imposent la discipline, ni vers les luttes de l'audience ; sa nature faisait de l'indépendance son premier besoin et le plus impérieux. Il avait une imagination ardente et passionnée pour les choses de l'art, et déjà il suivait avec une curiosité enthousiaste le mouvement intellectuel de cette génération de 1830, qui sera certainement la grande époque artistique et littéraire du XIX<sup>e</sup> siècle.

La lecture de George Sand, de Musset, de Théophile Gautier, de Lamartine, de Victor Hugo; les publications historiques et philosophiques de Guizot, de Thiers, d'Augustin Thierry, de Victor Cousin; le théâtre de Dumas et de Scribe; les peintures de Decamps, de Delacroix, les grands coloristes; les belles statues de Pradier, et aussi les luttes ardentes de la tribune parlementaire: toutes ces belles choses qui se produisirent avec tant d'éclat sous la monarchie de Juillet, enflammaient son esprit et le poussaient, sans qu'il s'en rendît compte, vers la vie artistique des hommes de lettres.

Dans le cours de ses études, surtout pendant ses vacances, il venait à Vienne auprès de sa mère, et là il eut occasion de voir souvent un jeune homme plus âgé que lui, et sur l'avenir duquel il devait, en quelque sorte à son insu, exercer une influence décisive.

François Ponsard était avocat du barreau de Vienne, un de ces avocats qui n'ont pas un très-grand enthousiasme pour leur profession. Fils d'un avoué, il s'était vu, dès son enfance, destiné à la robe que portait son père; il la portait gaîment, spirituellement, sans trop de souci, uniquement pour faire plaisir à sa famille, et sans chercher à marcher sur les traces des Berryer ou des Dupin; il rimait en cachette quelques vers et préparait son audience entre deux sonnets.

Vers cette époque, deux frères, deux camarades d'études de Ponsard, imprimaient une Revue qu'ils avaient fondée vers 1837. Un des collaborateurs les plus assidus de la *Revue* de MM. Timon, était François Ponsard. Si l'on veut feuilleter cette intéressante collection, on y trouvera de nombreuses pièces de vers du poëte Viennois, et aussi de charmantes nouvelles en prose, écrites furtivement *dans un tiroir* qu'il fermait précipitamment lorsqu'un client venait le consulter ; c'est ainsi qu'il fit *Lucrèce.*

Ponsard était dans ses vingt-quatre ans. Il

avait traduit en vers français le *Manfred* de lord Byron. Son œuvre avait paru , et, il faut bien le dire , n'avait obtenu aucun succès (1). Néanmoins, dans sa ville natale, c'était un homme bien posé, littérairement parlant; aussi on trouvait tout naturel de lui voir monter plus souvent la rue des Capucins, pour aller à l'imprimerie de ses amis, que les degrés du palais de Justice.

C'est là , chez les frères Timon, qu'un jour il trouva Charles Reynaud. On était en 1838. Charles était étudiant en droit de première année; à dix-sept ans, il avait, lui aussi, rimé quelques vers qu'il apportait à la *Revue de Vienne*, avec force battements de cœur et en grand secret.

Cette poésie avait pour titre *Vienne*, et commençait ainsi :

> Que j'aime à contempler, assis sur la colline ,
> La ville dont le front lentement s'illumine.

(1) Paris, Charles Gosselin, 1837 ; 1 vol. in-12.

Sans doute ce n'était pas un chef-d'œuvre, mais on ne pourrait pas en demander autant à tous les bacheliers.

Les frères Timon accueillirent avec empressement l'œuvre de leur jeune compatriote. Ponsard lut et encouragea le poëte enfant, et bien qu'il y eût entre eux une différence d'âge assez marquée, — sept ans sont beaucoup au début de la vie, — l'avocat plaidant, l'écrivain classé parmi les premiers à Vienne, tendit la main à l'étudiant, au nouveau collaborateur de la *Revue*, et tout fut dit : on était, dès ce jour, camarades, on devint très-vite d'excellents amis.

C'est ainsi que se forma cette liaison qui devait avoir une si grande influence sur la destinée littéraire de ces deux hommes.

A partir de 18 ans, Charles avait quitté la Faculté de droit de Grenoble, il était venu à Paris pour continuer ses études. Sa fortune lui permettant de vivre plus largement que la plupart de ses camarades, il se fit présenter dans plusieurs salons des mieux fréquentés de Paris. Il choisit de préférence ceux dans lesquels il pouvait rencontrer les sommités contemporaines, littérateurs, peintres , journalistes; il fut, dès ce moment, en rapport avec ce que l'on appelle le « tout Paris. »

Reynaud était un charmant cavalier; peut-être un peu petit de taille, mais il compensait ce léger désavantage par une grande distinction. Il avait une tournure élégante , les pieds et les mains d'une finesse aristocratique, une belle tête expressive , de grands yeux bleus ombragés de longs cils , une barbe et des cheveux noirs , une voix harmonieuse, la parole abondante , un abord séduisant qui inspirait la sympathie à première vue. Tout lui souriait au début de la vie ; il était bien reçu partout ; sa bonne grâce et ses manières distinguées, son éducation, le faisaient aimer et rechercher. Il récitait le vers en véritable artiste, et sa mémoire, qui était des plus heureuses, le servait merveilleusement.

La fascination qu'exerce toujours sur la jeunesse la vie élégante de Paris, ne le détourna pas de ses travaux ; il sut se garer des entraînements et acheva ses études avec succès. Il fut reçu licencié en droit le 4 août 1841.

A cette époque, Ponsard travaillait à sa *Lucrèce*. Un tableau représentant la matrone romaine et qui figurait dans la salle à manger paternelle, lui avait inspiré son œuvre. Le jeune avocat poëte n'avait pas conscience de sa valeur; il était timide à l'excès, et le peu de succès de son *Manfred* n'était pas fait pour lui donner confiance. Il rimait surtout par distraction, et parfois, en écrivant une scène de sa tragédie, laissait échapper de sa poitrine un profond soupir; il songeait à Paris, où lui aussi avait passé quelques années pour faire son cours de droit.

Les étudiants ne quittent jamais la grande ville sans regrets; riches ou pauvres, ils l'aiment tous à leur façon; pour eux ce n'est point une

question de budget. La modeste fortune du père
de Ponsard ne lui avait pas permis de donner à son
fils les moyens de fréquenter le monde élégant,
mais il avait pu cependant y vivre d'une façon
convenable, comme la plupart de ses camarades.

Lorsque Charles revint avec son diplôme de
licencié, il trouva *Lucrèce* complétement ache-
vée; il la lut. Ce qui se passa alors entre les
deux amis se devine; mais l'enthousiasme de
l'un, la crainte, l'étonnement, la stupéfaction
de l'autre, peuvent difficilement se raconter.

— Ce que tu viens d'écrire là est tout sim-
plement magnifique, s'écria Charles avec exal-
tation; que comptes-tu en faire?

— Mais, rien; que veux-tu que j'en fasse? Je
n'ai pas les ressources suffisantes pour recom-
mencer la tentative de *Manfred*. J'ai été heureux
en composant ces vers; sans eux je serais mort
d'ennui, ils m'ont consolé; je vais en faire
d'autres.

— C'est très-bien; mais moi, je ne me

contente pas de ta satisfaction platonique. Ce manuscrit, il faut que tu me le confies, dit Reynaud en frémissant, et je te jure qu'avant six mois tu seras joué au Théâtre-Français.

— Tu es fou, mon ami. Comment veux-tu que moi, pauvre petit avocat de province, sans talent, inconnu même de beaucoup de mes concitoyens de Vienne, moi dont on n'a jamais entendu parler, je puisse me bercer de l'espoir d'être joué à Paris, je ne dis pas au Théâtre-Français, cela n'a pas le sens commun, mais même dans le plus obscur théâtre de la banlieue ? Je te le répète, tu es fou, mon ami.

On sait le reste :

> Reynaud prit dans ses bras la naissante *Lucrèce*,
> Et l'emportant, ainsi qu'un amant sa maîtresse,
>     Il la promena dans Paris ;
> Quand il eut entassé miracles sur miracles,
> Epuisé les dégoûts, renversé les obstacles,
>     Je vins en recueillir le prix.

Mais il y a une chose qu'il faut ajouter : jamais Reynaud ne collabora aux œuvres de

Ponsard, jamais il ne lui fit changer un vers, une scène, une situation. Il fut le vulgarisateur des œuvres de son ami, mais rien de plus. Ponsard n'avait besoin de la collaboration de personne. Charles fut un compagnon fidèle et dévoué, qui le soutint et l'encouragea tant qu'il vécut, mais ce fut là tout son rôle.

*Lucrèce* fut jouée à l'Odéon. On sait le succès immense qu'elle obtint. Le nom de Ponsard remplissait tout Paris. Nos deux amis pouvaient à peine suffire aux invitations qui pleuvaient à leur adresse. Ponsard, avec sa nature douce, craintive, un peu sauvage, ne pouvait en croire ses yeux. Charles était tout à la joie de son triomphe.

Furne venait de publier une fort belle *Lucrèce*. Lorsqu'il apporta les premiers exemplaires, Ponsard et Reynaud songèrent aussitôt à *Manfred*, dont l'édition à peu près intacte était entassée dans les magasins de Gosselin. Leur résolution fut bientôt prise : ils retirèrent

tous les exemplaires non vendus, — il en man-
quait bien peu à l'appel, — et les détruisirent
avec une joie indicible; voilà ce qui explique
le prix exorbitant de ce petit volume qui est
aujourd'hui à peu près introuvable.

Ponsard devenu célèbre, le rôle de Reynaud
ne devait plus être le même. Le triomphe avait
été trop éclatant, il y eut, il fallait s'y attendre,
une violente réaction. *Agnès de Méranie*,
malgré la beauté des vers, la grandeur de
certaines situations, l'élévation des pensées,
malgré des scènes admirables dans lesquelles
l'histoire tient un langage cornélien, *Agnès de
Méranie* réussit médiocrement.

A cette époque, il se fit une tentative sérieuse
pour imprimer au théâtre une direction plus
saine, mais les efforts de quelques bons esprits
furent vains; la scène française s'engagea sur
une pente qui devait nous amener où nous en
sommes, aux opérettes et aux féeries.

Ponsard, ceux qui l'ont connu intimement

sont unanimes à le dire, avait l'âme bonne, candide jusqu'à la naïveté ; c'était un véritable enfant ; il ne savait pas se défendre, il n'essayait même pas ; il se laissait aller au découragement et finissait par douter de lui-même. Une critique injuste, violente, implacable, comme celle qui le suivit jusque dans la tombe, avait en quelque sorte paralysé ses moyens, et les succès éclatants de *Charlotte Corday*, de *l'Honneur et l'Argent*, de *la Bourse*, d'*Horace et Lydie*, et plus tard du *Lion Amoureux*, cicatrisèrent à peine les larges blessures qu'il avait reçues au cœur.

Charles Reynaud, au contraire, si gai d'habitude, si facile en apparence, si expansif, était d'une ténacité indomptable dans les mauvais jours ; tant qu'il vécut, il fut l'ange consolateur de son ami. Il était admirable alors ; sa foi et son enthousiasme les soutenaient tous les deux ; il avait une sorte de génie pour triompher de ses défaillances ; il ne le quittait

plus, Ponsard s'attachait à lui comme à une
ancre de salut. Ils ne sortaient pas, on les
voyait peu, et un beau jour ils partaient sans
rien dire et venaient en Dauphiné embrasser
leurs mères. On prenait le grand air, on
allait à la chasse, les amis de Vienne com-
mandaient un banquet splendide à Ombry, à
cet excellent homme, à cet artiste au cœur
d'or, disciple si intelligent de Brillat-Savarin,
et tout était oublié au milieu des épanchements
de la plus vive amitié.

II


L A vallée de la Sanne, au fond de laquelle coule
la petite rivière de ce nom, s'étend de l'est
à l'ouest dans un parcours de quelques lieues.
Elle est située en majeure partie sur la commune
de Ville-sous-Anjou. C'est là , au pied d'un de
ses versants, et tournée du côté du midi, qu'est
l'habitation de Charles Reynaud. Elle est ados-
sée à un coteau couvert de vergers et de vignes,
et elle domine une belle et giboyeuse prairie.

C'est un charmant séjour que celui de la Roche, Roche-Sanglars, Roche-Pingolet (1), roche
aux sangliers, roche aux pins. Elle est à quelques portées de fusil des ruines du château de
Surieux, *castrum Suriacum*, remarquable par
ses remparts écroulés, une massive tour ronde et
sa très curieuse église romane du X<sup>e</sup> siècle bien
conservée.

Autrefois cette partie de nos contrées était cou-
verte de vastes forêts de chênes et de pins,
peuplées de fauves. Aujourd'hui une belle route
la traverse et conduit à Roussillon ; aux cerfs,
aux loups et aux sangliers, ont succédé les râles,
les cailles, les perdrix et les lièvres.

Charles Reynaud, qui était un chasseur intré-
pide, recevait à la Roche tous ses amis de Vienne
et de Paris; il leur offrait une large hospitalité et
des festins plantureux. La société était bruyante
et composée principalement de chasseurs de
son âge, et de quelques hommes mûrs aimant

(1) *Pinoletum*, en basse latinité, lieu planté de pins, pinède.

2

la jeunesse. On s'y amusait beaucoup, honnête-
ment, en gens bien élevés. Que de verve, que
d'esprit dépensés à cette table après une pénible
et chaude journée ! Tour à tour sont venus s'as-
seoir à ce foyer ami, Ponsard, Emile Augier, Na-
daud et Pierre Dupont les chansonniers, l'acteur
Bocage. Meissonier y a esquissé un retour de
chasse qui serait un chef-d'œuvre s'il pouvait y
mettre la dernière main. C'est une scène d'inté-
rieur : une cuisine, dont la cheminée monumen-
tale abrite les chiens haletants ; les chasseurs
harassés de fatigue sont assis autour d'une table,
ils fument et boivent, l'un d'eux debout allume
sa pipe avec un tison enflammé. Autant de per-
sonnages, autant de portraits (1).

Nous avons raconté la vie qu'on menait à la
Roche, dans la biographie consacrée à Alfred de
Terrebasse ; nous n'y reviendrons pas. Rappelons

(1) Ce tableau est, depuis la mort de Reynaud, la propriété
du docteur Laugier. — Meissonier a fait, en outre, un très-
beau portrait du poëte ; il se trouve dans le cabinet de
M. Charles Lambert, à Fragnières (Marne).

que Reynaud et Terrebasse habitaient la même commune, et que l'historien dauphinois affectionnait particulièrement le jeune poëte.

Emile Augier, de l'Académie française, Dauphinois d'origine et de naissance, avait, à un an près, l'âge de Charles Reynaud; ils se connurent vers 1840 par l'entremise d'un ami commun qui faisait aussi son droit, M. Joliot, député de l'Isère, homme des plus distingués. Les deux poëtes se lièrent d'une étroite amitié. Il y avait dans leur caractère beaucoup d'affinité, et une grande conformité de goûts dans leur manière de vivre. Ils étaient insouciants tous les deux, gais, aimables; l'un et l'autre avaient des succès dans le monde, ils s'aimaient et ne se jalousaient pas. Augier était pétillant d'esprit; sa verve gauloise faisait les délices de Charles, elle l'égayait et lui rendait la vie facile. Avec l'auteur de la *Ciguë*, Reynaud n'avait pas de rôle de Mentor à remplir, pas de défaillances à combattre, pas de consolations à donner. C'était l'opposé de la vie avec

Ponsard ; jamais de tristesses et de décourage_
ments, toujours au contraire la joie sans nuages.
Plus de combats ; la riposte d'Augier, vive,
énergique et spirituelle, désarmait l'ennemi et
lui imposait un silence prudent. Emile Augier
qui, en 1844, avait eu comme Ponsard son
triomphe à l'Odéon, avec la *Ciguë*, arriva vite
avec l'*Aventurière* et *Gabrielle* à une très grande
et très légitime célébrité. Il écrivait avec une
facilité merveilleuse ; son vers abondant était
plein de grâce, d'une honnêteté charmante et
exempt de banalité : ce fut un maître excellent
pour son ami.

> Tu ramenais sans cesse à la simplicité
> Mon esprit égaré dans la solennité,

lui disait-il dans la belle épître qu'il lui adressa
en 1852.

Augier fut donc un maître et un guide pour
Reynaud, qui acceptait avec bonheur ses ensei-
gnements et en était fier ; ses leçons ne furent
pas perdues pour lui. Tout lecteur attentif qui

voudra comparer les premières œuvres de notre compatriote avec celles qu'il publia plus tard, se rendra compte des progrès énormes qu'il fit sous cette habile direction ; son vers harmonieux brilla par la clarté de l'expression, l'emploi du mot propre, la grâce, la fraîcheur, le sentiment, et par un incontestable talent d'observation. On comprendra aussi que la tendre amitié qu'il voua à Emile Augier, sans affaiblir l'affection qu'il avait pour Ponsard, fut le résultat de cette existence double, pleine de contrastes, calme et souriante avec l'un, plus inquiète, plus agitée avec l'autre, et qui devait aboutir à une préférence inévitable pour celle qui profitait à ses études, tout en étant plus en harmonie avec ses goûts. Entre ces deux auteurs dramatiques, Ponsard et Emile Augier, grands écrivains tous les deux, il n'y avait, au point de vue de l'art, aucun rapport ; leur talent n'était pas le même ; leur voie, le but qu'ils voulaient atteindre, étaient absolument différents. Sans s'en rendre compte et invinciblement, Reynaud pencha du côté où il trouva, dans la manière, moins de pompe et de solennité, plus de grâce, plus de chaleur et plus d'esprit. Il ne se l'était jamais avoué à lui-même, mais il était manifeste pour nous tous qu'il aimait mieux Augier, et que *Gabrielle* avait fait tort à *Lucrèce*.

Les trois amis, du reste, vivaient dans le plus parfait accord, et jamais ils ne recherchèrent une préférence dans leurs sentiments d'affection réciproque; le triomphe de l'un était un triomphe pour tous. Les jours de bataille on eût pu les voir tous les trois sur la brèche, avec la même ardeur, faisant cause commune, et se soutenant jusqu'au bout.

Reynaud et Emile Augier finirent par habiter ensemble. Ils avaient les mêmes habitudes, le même cœur, ils voulurent avoir le même foyer et le même toit.

La vie heureuse, mais uniforme, que menait Reynaud, pesa bientôt à son activité. Le mou-

vement était un de ses besoins ; il avait toujours
rêvé de voir l'Orient. En compagnie d'un de
ses amis, Félix Pichat (1), il fit, en 1844, un
long voyage, dans lequel il visita Athènes,
Constantinople, la Syrie, le Liban et la Pales-
tine. Comme Châteaubriand et Lamartine, il
en rapporta un livre, un itinéraire, qu'il publia
en 1846 sous le titre *D'Athènes à Baalbeck (2)*.
Cet ouvrage, remarquable à divers points de vue,
passa inaperçu, et n'eut pas alors le succès
qu'il a obtenu depuis. Reynaud s'y révèle
comme écrivain de race. Son récit, toujours
élégant et gracieux, contient des pages d'une
grande beauté; le chapitre qu'il consacra au
Parthénon et à Jérusalem, ne serait désavoué
par aucun de nos auteurs contemporains les
plus célèbres.

Le milieu dans lequel Charles vivait, mo-
difia entièrement les sentiments politiques

(1) Actuellement Conseiller à la Cour de Grenoble.
(2) Paris, Furne, 1846, in-18.

qu'il avait reçus de sa famille. Ponsard était républicain convaincu; les hommes de lettres, les journalistes qu'il fréquentait, à l'exception d'Emile Augier toutefois, partageaient à peu près tous les mêmes opinions. Il y avait alors une sorte de parti pris pour faire de l'opposition. La monarchie de Juillet était attaquée avec une violence inouïe. Les classes moyennes et dirigeantes, qui, par raison politique et par intérêt, avaient tout à gagner à se grouper autour de ce trône constitutionnel, le plus libéral que nous ayons eu pendant les soixante-dix premières années de notre siècle, une partie de la bourgeoisie, la noblesse, le clergé même, étaient manifestement hostiles. On reprochait à Louis-Philippe son économie, sa prudence et les concessions raisonnables qu'il faisait pour éviter la guerre. La France, pour se désennuyer, demandait la réforme électorale comme un remède souverain à des maux plutôt imaginaires

que réels. Les journaux satiriques qui avaient, à
peu de chose près, une liberté absolue, traînaient
dans la boue cette malheureuse monarchie. Personne ne trouvait grâce devant eux : Bugeaud, cet
illustre et loyal soldat, était un soudard et un
bourreau ; les ministres, tels que Casimir Perier,
Molé, Guizot, Soult, Thiers, Montalivet, étaient
traités avec un dédain voisin du mépris. Le roi
et sa vertueuse compagne, leur belle famille,
ces princes jeunes et beaux, si sympathiques,
si français et si vaillants, ces princesses si charita-
bles et si chastes, tous ces dévouements, toutes
ces vertus, devaient disparaître devant les caprices
de cette France affolée. La résistance impoliti-
que de Guizot à toute idée de réforme, fut la
goutte d'eau qui fit déborder le vase. Les ban-
quets patriotiques ne furent que la mise en
action d'un projet qui devait rester inoffensif
sous la direction naïve d'Odilon Barrot et
qui fut mortel à la monarchie. La dynastie
d'Orléans quitta la France sans effusion de sang,

mais elle la laissa libre dans ses institutions et intacte dans ses frontières.

La jeunesse d'alors apprenait son histoire contemporaine dans le *Charivari* et le *Corsaire*, et jugeait les hommes sur leur caricature. Les idées de réforme politique et sociale faisaient des progrès énormes, surtout dans le personnel des écoles de Paris et dans la classe moyenne. Charles Reynaud, très-enthousiaste, très-ardent, avec son caractère généreux et chevaleresque, se jeta dans ce mouvement; il pensait de bonne foi que bien des choses étaient à refaire dans notre société, et se préparait avec ardeur à jouer un rôle politique, objet de tous ses rêves. Membre du conseil municipal de sa commune, après 1848 ses concitoyens du canton de Roussillon le nommèrent, à la presque unanimité, membre du conseil d'arrondissement. Le suffrage populaire voulut, en lui confiant ces modestes fonctions, le récompenser du zèle qu'il avait déployé dans l'organisation du banquet réformiste qui avait eu lieu à Vienne le

20 décembre 1847, sous la présidence d'Alfred de Terrebasse, et auquel assista toute la bourgeoisie libérale de l'arrondissement de Vienne (1).

Il salua avec joie l'avénement de la République; il était plein d'espérance et il croyait à l'avenir du nouveau gouvernement. Encouragé par ses amis, il brigua la députation à l'Assemblée Constituante, mais les événements avaient marché; l'organisateur du banquet réformiste fut trouvé trop tiède; dans les clubs, on le traita de *carliste*, en souvenir des opinions de sa famille, et il ne fut pas élu.

Cet échec, pas plus que le douloureux retentissement des journées de juin, n'affaiblit sa foi politique; il l'affirma dans une petite pièce de vers où percent l'ironie et la satire; mais, après l'avoir communiquée à ses amis, il ne voulut pas la publier, de crainte qu'on n'y vît un peu de dépit.

(1) Voir notre biographie d'Alfred de Terrebasse; 1 vol. in-8, Vienne, Savigné, 1873, pages 16 et suivantes.

Elle est donc inédite, la voici :

*L'ALOUETTE GAULOISE*

———

Toi qui nous jettes ton chant clair
   Des profondeurs célestes,
Voyageuse aux plaines de l'air,
   Alouette aux pieds lestes ;

Je garde rancune à nos rois
   A ceux qui t'ont chassée
De nos drapeaux, où les Gaulois
   Jadis t'avaient placée.

Non, le coq au gosier d'airain,
   Le lys aux couleurs blêmes,
L'aigle même au port souverain
   Ne sont point nos emblèmes.

C'est toi, chanteuse au doux regard,
   Figure symbolique,
Que doit sur son jeune étendard
   Porter la République.

Elle connaît tes cris joyeux,
   Ta vie aventureuse,
D'un coup d'aile elle monte aux cieux
   La France généreuse !...

Mais dans ce fluide azuré
  Nageant à perdre haleine,
Qu'elle voie un hochet doré
  Flamboyer dans la plaine :

Miroirs aux facettes d'argent,
  Soleils de pacotille,
Paillettes au reflet changeant,
  Quelque chose qui brille,

Elle tombe de ces hauteurs
  Prise par le vertige,
Autour de ces appeaux menteurs
  L'imprudente voltige.

Elle était montée en chantant
  Vers la voûte éternelle,
Elle revient le cœur saignant
  Avec du plomb dans l'aile.

C'est pourquoi sur notre drapeau
  J'aime ta silhouette,
Pauvre oiseau qu'on prend à l'appeau
  O gauloise alouette !...

1848.

En novembre 1848, il alla passer avec un de
ses amis quelques mois en Corse pour se livrer

au plaisir de la chasse. La *Revue des deux Mondes* donna plus tard le charmant récit de ce voyage, dans son numéro du 1ᵉʳ juillet 1853.

A partir du coup d'État et de l'avénement de l'Empire, Charles Reynaud ne s'occupa plus des affaires publiques, il s'adonna avec ardeur à ses études littéraires et se consacra tout entier à ses amis.

III


Après le succès de *Lucrèce*, Ponsard s'était
allié d'une étroite amitié avec Jules Janin.
Cette amitié, on le sait, l'accompagna jusqu'à la
tombe. Charles Reynaud connut par son ami
l'éminent critique qui lui voua une affection
toute paternelle. Janin, originaire de St-Etienne,
passait ses vacances de jeune homme à Saint-
Pierre-de-Bœuf et s'y plaisait beaucoup quoi-
qu'il n'aimât pas à prononcer le nom de ce

village, *quod versu dicere non est*. Il vivait là sur les bords de ce «*diantre* de Rhône,» et venait souvent se promener dans la vieille métropole, siége du Primat des Primats des Gaules ; c'est assez dire que ce souvenir de jeunesse lui était cher et qu'il considérait Ponsard et Reynaud comme deux compatriotes, deux voisins, deux amis dont il était fier. Il ne ménageait pas les conseils à Charles, son âge et son expérience le lui permettaient ; et quand parut, au mois de juin 1853, son recueil de poésies (1), Janin fut un des premiers à saluer le vainqueur et à s'associer à son triomphe. *Ave, felix invictusque vates.* — Ce jeune homme, disait-il, nous vient des rives du Rhône, il a vécu au milieu des prairies ; c'est un paysan tout imprégné des senteurs enivrantes du sainfoin. Son vêtement manque peut-être un peu de finesse et de moëlleux, mais touchez l'étoffe,

(1) *Epîtres, Contes et Pastorales ;* Paris, Michel Lévy, 1853. 1 volume in-18.

elle est en bonne toile, à pleine main, robuste, corsée et chaude.

Du reste, nous ne saurions mieux faire que de citer un passage tout entier :

Voilà des vers que l'on aime et qui font aimer le poëte ; ils sont bien simples, mais ils disent tout ce qu'ils veulent dire, et ils ne disent que cela. Cette forme est toute nouvelle, elle n'appartient à personne ; elle n'appartient qu'à celui qui l'a trouvée ; elle est nette, elle est solide, à la bonne heure. Elle sent plutôt son village que la ville ; elle n'a pas recours à l'artifice, elle méprise le fard, elle dédaigne la fausse couleur, elle est française et elle est rustique, et voilà pourquoi j'aime tant ces vers-là ; ils n'ont pas la miévrerie accoutumée de l'idylle en jupon de soie ; ils n'ont pas la niaiserie de l'églogue en patois languedocien. Ils sortent d'une tête bien faite, exempte d'enflure, d'afféterie et de mauvais goût. Ce vers pourrait être plus doux peut-être et plus souple ; mais prenez-moi cette trame à deux mains ; c'est de la toile, et de la toile bien tissée, et telle qu'il en faut à la mère de famille, non pas pour les langes de l'enfant, mais pour le linge de son fils aîné, le marin, le laboureur, le chasseur.

Tel il fut jugé par Jules Janin, dont le sentiment autorisé fut ratifié par la presse tout entière.

John Lemoine, un des publicistes les plus distingués de notre époque, qui devait plus tard, comme Janin, être membre de l'Académie française, avait dit de Reynaud en parlant de son *Voyage en Orient :*

M. Charles Reynaud est, avant tout, un artiste amoureux de la forme et de la nature extérieure, un adorateur de la lumière, de la chaleur, de la couleur et de l'harmonie ..., beaucoup plus accessible à la beauté harmonieuse et simple de l'art ancien, qu'à la beauté plus compliquée, je dirai même plus psychologique, de l'art moderne.

On le voit : avec Janin, Reynaud est un paysan parfumé des arômes de la prairie ; avec John Lemoine, c'est un artiste de race, un Athénien du goût le plus pur et le plus délicat. Pour nous, qui avons vécu avec le poëte, il n'y a pas de contradiction entre ces deux jugements. Reynaud était l'un et l'autre, parce qu'avant tout il avait un talent exquis d'observation, un esprit supérieur et une rare intuition du beau et du vrai en toutes choses.

L'apparition des poésies avait été un événement littéraire considérable; ce fut d'abord de l'étonnement, puis une explosion de bravos. Les critiques furent unanimes dans la louange; les uns, comme Gustave Planche, et celui-là ne fut jamais soupçonné de flatterie et de condescendance, furent charmés des épîtres familières; les autres, du poème de *Julie,* et tous sans exception louèrent sans réserve les pastorales. C'est qu'en effet ces idylles sont de petits chefs-d'œuvre. Qu'on lise la *Ferme à midi, la Haie, la Source,* et tant d'autres, on pourra se convaincre que nous ne forçons pas l'éloge. Ces vers charmants étaient dans toutes les bouches; les acteurs les plus célèbres des théâtres de Paris se plaisaient à les réciter dans les salons, en se faisant accompagner, comme les rapsodes de l'antiquité, par une mélodie en sourdine, à la fois cadencée et douce, qui donnait un charme tout particulier à leur déclamation.

Charles Reynaud eut donc, comme ses amis Ponsard et Emile Augier, son jour de triomphe, et il fut complet, car M. Fortoul, alors ministre de l'instruction publique, le proposa à l'empereur pour la décoration et le fit nommer chevalier de la Légion d'honneur le 15 août 1853.

Depuis deux ans il allait prendre les eaux de Spa, en compagnie de son ami Janin. Il ne s'y plaisait pas beaucoup, mais il se croyait obligé d'y aller pour une affection qui n'avait aucune gravité.

*Je suis mal placé pour répondre à ton aimable lettre, mon cher Ami,* nous écrivait-il le 2 juillet 1852, *car je la reçois sur les limites de la Prusse. Je suis à Spa, l'ami Laugier te l'aura dit sans doute ; je prends les eaux. Je préférerais beaucoup celles du*

*Rhône à cette heure, mais il l'a bien fallu, la Faculté l'exigeait. Je suis donc au milieu des Ardennes belges, à quelques lieues de Liége, pas loin d'Aix-la-Chapelle. Je suis établi assez gentiment, dans un jardin, au rez-de-chaussée d'un pavillon donnant sur un très-beau paysage : rochers, verdure et forêt. Ton nouvel ami Janin arrive lundi; en l'attendant, sa femme est ici et j'ai le plaisir de faire son whist tous les soirs. Voilà pourquoi je ne te dirai que deux mots d'Ulysse. Ponsard a eu toutes sortes de désagréments de mise en scène. Les ricanements des femmes du monde entretenu et les plaisanteries des jeunes chevelus de l'école ultra-romantique, ont fait ressembler la bataille à une défaite. Quand je suis parti, à la 4ᵉ représentation, cela prenait meilleure tournure; j'espère que ce mieux aura continué.*

*Ponsard a été très-malade à la suite de tous ces ennuis. Il avait une fièvre de cheval et des vomissements; lorsque je lui ai dit adieu, il était déjà en convalescence.*

En 1853, après le succès de son livre, il fit encore le voyage de Spa, toujours avec Janin.

Il rentra à Paris au commencement du mois d'août, rapportant le germe d'une fièvre abominable, suite de son traitement ; le 16 août, le lendemain du jour où il reçut la décoration, il se mit au lit.

Dès le début, Émile Augier se rendit compte de la gravité du mal ; il télégraphia en toute hâte à Vienne pour prévenir le docteur Laugier, son cher docteur, le plus fidèle, le plus dévoué, le meilleur de ses amis. A son arrivée son état était déjà désespéré. — « Tu sais, docteur, que j'ai des dispositions à prendre ? S'il y a du danger, préviens-moi !.... » Les deux amis échangèrent un regard, — l'émotion devait être mortelle, — ils ne voulurent pas briser leur dernière planche de salut ; ils répondirent, la mort dans le cœur et le sourire sur les lèvres. Le lendemain tout était fini.

Charles Reynaud avait cessé de vivre à trente-deux ans, le lundi 22 août 1853, à cinq heures et demie du soir, à Paris, rue des Pyramides, dans l'appartement qu'il occupait en commun avec Émile Augier.

La nouvelle de cette mort arriva dans la nuit, et Vienne à son réveil reçut au cœur cette blessure que vingt-trois ans n'ont pu cicatriser.

Les premières pensées des amis de Reynaud se reportèrent sur la pauvre mère. Comment supporterait-elle le coup affreux qui la frappait? Comment lui annoncer qu'elle n'avait plus de fils? Notre douleur nous faisait trembler pour la sienne. Le grand âge de M$^{me}$ Reynaud pouvait amener un nouveau malheur.

Un vénérable ecclésiastique, M. Guttin, curé de St-Maurice, se chargea de la douloureuse mission. Il partit pour Montplaisir accompagné du docteur Faulcon. Ils arrivèrent vers midi ; elle se mettait à table, elle les reçut aimable et souriante ; elle fit mettre leur couvert, parla avec beaucoup de gaîté pendant le repas ; elle prit son café et exigea que ces Messieurs lui fissent sa partie de boston... Le docteur Faulcon nous disait avec émotion qu'il n'avait jamais rien souffert de pareil dans sa vie de médecin.... Ils rentrèrent fort tard dans la nuit... Dieu avait voulu que cette veuve infortunée survécût à son enfant.

Les funérailles eurent lieu le dimanche 28 , à Vienne, au milieu du concours énorme d'une population pénétrée de la plus vive douleur. Ces funérailles furent princières (1). Jules Janin, qui avait accompagné le corps avec le docteur Laugier et Charles Lambert, prononça sur la tombe de son jeune ami un discours des plus touchants, qui doit trouver sa place dans cette notice.

Il s'exprima ainsi:

Messieurs,

Je suis chargé d'une funèbre et douloureuse mission.

(1) On peut lire le récit que nous en avons fait ; il a été reproduit dans le livre intitulé: *Charles Reynaud*, *Œuvres inédites*, 1854, in-18 ; pages 21 et suivantes.

Vous nous avez envoyé naguère un jeune
homme inconnu....., dans tout l'éclat des fêtes de
la vie et de la jeunesse. Aujourd'hui, je vous le
ramène célèbre..... et plongé dans les ténèbres du
cercueil.

O vanité de la poésie !..... O vanité de la jeunesse !......O trois et quatre fois vanité !.......

Hélas ! cette croix d'honneur, que lui avait dé-
cernée l'assentiment unanime de tous les maîtres du
bel esprit et des beaux-arts, elle aura brillé moins
longtemps sur la poitrine de Charles Reynaud
qu'elle n'a brillé sur les tentures de son cercueil.

Le secret de ces coups inattendus, frappés par
la mort, le voici, Messieurs : il est dans les jalou-
sies et dans les cruautés de la fortune ; elle ne veut
pas de ces bonheurs sans contre-poids, et souvent,
du faîte à l'abîme, elle précipite les hommes enviés
qui semblent lui porter le défi de tout ce qui est
jeune, aimable, intelligent, dévoué.

Ce jeune homme était trop heureux, et voilà
pourquoi il est mort ! il était plein de vie et de
jeunesse, en pleine indépendance, en pleine liberté,
parmi toutes les fêtes de la vie abondante et facile,
entouré d'amitiés charmantes, l'espoir de son pays

et l'orgueil d'une mère indulgente qui l'aimait à la fois comme une aïeule et comme une mère. Pauvre enfant un peu tardif de ses légitimes amours, elle l'avait demandé au ciel avec tant de prières et tant d'espérances ! Et maintenant elle le pleure ' elle l'appelle, elle invoque le ciel, elle se plaint à Dieu et aux hommes; elle ne veut pas être consolée, elle n'a plus d'enfant !

Ce jeune homme était trop heureux ! Il lui avait été donné de découvrir, ici même, parmi vous, Messieurs, un poëte, un grand poëte. Ce poëte avait fait une belle œuvre ; il avait rendu à notre siècle *Lucrèce* et la vie de la matrone romaine, et la chasteté outragée, et sa vengeance. Etonné, heureux et fier de cette découverte, Charles Reynaud avait amené à Paris la *Lucrèce* et son poëte, et telle était sa conviction, et si grande était sa volonté, que l'œuvre et le poëte furent adoptés par la ville capitale des intelligences et des poésies. Ce fut une grande bataille littéraire que *Lucrèce !* Charles Reynaud était au premier rang des amis, faisant les honneurs de cette illustre journée, et criant à son poëte : *Nil desperandum, Teucro duce et auspice Teucro . . .*

Il était trop heureux ce Charles Reynaud ! Quand il vit que son ami Ponsard avait remporté tant de victoires en si peu d'années : *Lucrèce*, *Agnès de Méranie*, *Charlotte Corday*, et dans ces derniers jours, *l'Honneur et l'Argent*, il voulut tenter pour lui-même la fortune poétique.

— Et moi aussi, se dit-il, je suis un poëte !

Il était un poëte, en effet ; il en avait l'inspiration, la grâce et le génie, et les chastes pensées, et les honnêtes transports, avec ce sens exquis et ce tact naturel de tout bel esprit qui aime la nature et la cherche avec amour. Aussi, des rêves de sa jeunesse et des ardeurs naissantes de son esprit, il avait composé ce volume de douces et pieuses élégies, et il avait été si naïf et si habile en même temps, qu'il avait échappé, sans le vouloir, sans le savoir, à l'influence toute-puissante de ces deux grands hommes, les maîtres et les dominateurs de toute poésie, à savoir : M. de Lamartine, dans sa pauvreté, et M. Victor Hugo, dans son exil.

Ainsi Charles Reynaud était un poëte, à ses heures, à sa façon, en delà et en deçà de toute école littéraire, et c'est pourquoi il fut adopté si vite par tous les esprits amoureux des belles choses, par les

vaincus d'hier  et par les vainqueurs d'aujourd'hui.
Et voilà comment il laissera après lui, ce jeune
homme , un monument plus durable que l'airain ;
*monumentum ære perennius.*

Il était trop heureux ! Il avait l'esprit , le cœur,
la fortune , l'enthousiasme , la beauté , l'inspiration.
Ses amis , il les aimait et il  en  était aimé ;  ils le
pleurent, ils l'appellent ; ils m'ont envoyé pour re-
présenter ce deuil.  — Partez, m'ont-ils  dit , vous
savez les chemins de ces chères  contrées ; partez ,
et ramenez à sa mère l'enfant de ses  regrets  et de
ses douleurs ;  portez  les cris de  ses  amis ;  dites
bien nos sympathies et nos  regrets.

— Et je suis parti , et me voilà remettant en vos
mains ces nobles dépouilles...... Ah ! le pauvre enfant , si vif , si gai , si content de vivre et d'être au
monde ! Il était notre joie et  notre fête de  chaque
jour. Nous ne le  verrons  plus ,  nous ne l'enten-
drons plus !......
Je l'ai vu dans son agonie et je l'ai embrassé dans
sa mort. Il avait réuni pour cette  heure  suprême
tout le courage qui était en lui , et quand il se fut
entouré de ses amis , et quand il eut vu venir à lui
son  compatriote,  le  docteur Laugier , calme et

doux frère qui semblait lui sourire et qui déjà pleu-
rait ses funérailles dans le fond de son cœur, le
noble jeune homme appela à son aide toutes les
forces de la vie, toutes les forces de la mort, afin
qu'on pût voir sur son visage éteint le courage du
galant homme et la résignation du chrétien.

Et maintenant, le voilà tel que la mort nous l'a
fait, tel que devaient le revoir ces rivages aimés,
cette maison paternelle, et les yeux de cette mère
au désespoir. Ainsi, nous ne te verrons plus, cher
et charmant compagnon de nos travaux stériles et
de nos renommées passagères! Ainsi, je ne te ver-
rai plus, ô mon aimable et doux poëte, enivré de
toutes les fêtes de la vie!... Ainsi, te voilà perdu à
tout jamais, et peu à peu va s'effacer de nos
regards la douceur de ton sourire, et peu à peu nos
oreilles oublieront les accents de ta jeunesse, et tu
ne seras plus qu'une ombre, un fantôme, un rêve;
ô mon rêveur, qui avais déjà conquis tant de suf-
frages illustres!... Pauvre âme, adieu!... Adieu,
cher esprit!....... Adieu!

Ma tâche ici s'arrête sur les limites de ce tombeau ouvert avant l'heure, éternel sujet de nos
entretiens, de nos regrets, de nos douleurs, jus-

qu'à ce que nous-mêmes nous ayons disparu à
notre tour.

Les dépouilles de Charles Reynaud reposent
au cimetière de la cité natale, dans un tombeau
de famille.

IV

La plupart des critiques qui avaient rendu compte du recueil de poésies de Charles Reynaud, publièrent des articles nécrologiques des plus élogieux sur notre cher compatriote ; nous ne citerons que Louis Jourdan, du *Siècle* ; Jules de Prémaray, de la *Patrie* ; Paul de St-Victor, du *Pays.*

Plus tard, un des meilleurs écrivains du Dauphiné, un avocat de Grenoble, qui a été bâton-

nier de son ordre, un homme dévoué s'il en
fut, — nous nous honorons de son amitié, —
publia, sur Charles, une notice biographique et
littéraire, remarquable à bien des titres. M.
Farge, par un excès de modestie qui ne nous
étonne nullement, cacha son nom sous le pseu-
donyme de Paul des Vernayes (1). Nous signa-
lons cette étude pleine de cœur et parfaitement
écrite, à l'attention des bibliophiles dauphinois.
Malheureusement, elle n'a été tirée qu'à très-
petit nombre, et il est fort difficile de se la
procurer.

Le récit que Jules Janin fit de son funèbre
voyage à Vienne et de sa visite à M^me Reynaud,
est une des pages les plus émouvantes qui soient
sorties de sa plume (2). A propos de ce récit et

(1) *Étude biographique et littéraire: Charles Reynaud*, par
Paul des Vernayes. Grenoble, Maisonville, 1858, in-8°, 60 pages.
(2) Voir le *Journal des Débats* des premiers jours de septembre 1853. Ce récit, qui a pour titre *la Bataille de la Vie*,
a été reproduit dans les *Œuvres inédites de Charles Reynaud*,
pages 64 et suivantes.

de celui que nous avions fait des funérailles de
Charles Reynaud, l'éminent publiciste nous
écrivit plusieurs lettres qui présentent le plus
vif intérêt. Il y est beaucoup question de ses
deux amis, Ponsard et Reynaud, tous les deux
plus jeunes que lui, et qui devaient le précéder
dans la tombe. Il veilla aux funérailles de Charles
avec un dévouement tout paternel, et, quinze
ans plus tard, il entourait des soins les plus
tendres Ponsard qui rendait le dernier soupir à
Passy, dans sa propre maison. La vie de ces
trois hommes est donc intimement liée, et c'est
un devoir pour nous d'associer le nom de Janin
à l'éloge que nous faisons de nos compatriotes.

Voici ce qu'il nous écrivait huit jours après
son voyage à Vienne.

*Monsieur et cher Confrère,*

*Il faut bien que je le dise,* un confrère, *à ce
point que si j'avais eu le malheur de publier mon
article nécrologique un jour après vous, j'étais atteint*

*et convaincu de contrefaçon !... Donc, laissez-moi
vous dire à quel point je suis touché de vos bonnes
paroles, et content de m'être rencontré avec vous
dans ce douloureux et pénible sujet ! C'est que nous
étions pénétrés de la même douleur, et que l'émotion
vraie et sincère n'a pas deux façons de se faire entendre. Enfin, voilà que tout est dit, et que, peu à peu,
la douleur publique apaisée, il restera à peine une
demi-douzaine de braves gens qui, de temps à autre,
prononceront le nom de Charles Reynaud. Cependant nous songeons déjà à réunir en un seul et même
volume toutes les œuvres de notre ami : son* Voyage
en Orient, *ses poésies, son* Voyage en Corse *que la
Revue a publié, plus un petit portrait que nous
ferons graver par Henriquel Dupont, et soyez per-
suadé, Monsieur, que vous ne serez pas oublié dans
ce monument de notre reconnaissance et de notre
amitié. J'aurai même soin de faire tirer sur grand
papier le portrait de notre ami, pour que vous en
fassiez l'ornement de votre cabinet.*

*Quant au poëte resté debout, il est notre héritage ;
on l'aime ici, et tout le monde rend justice à la
noblesse de son cœur, à l'étendue et à la force de son
esprit. Moi, tout le premier, j'ai adopté Ponsard,*

et il pourrait vous dire à quel point je l'ai entouré de mes plus vives sympathies dans les jours nébuleux de sa dernière comédie (1), au moment où le Théâtre-Français lui fermait sa porte insolente et daignait à peine le reconnaître !... Il a remporté un grand triomphe, à coup sûr; mais enfin, il faut combattre encore, et j'ai bien peur que l'absence de Charles Reynaud ne se fasse sentir dans la bataille! Il avait une ardeur que je n'ai plus, il était un enthousiaste, il faisait passer toutes ses convictions à qui voulait l'entendre, et, comme il était éloquent, chacun lui prêtait une oreille attentive!... Ah! le brave auxiliaire que Ponsard a perdu là, et que de peines, que de démarches, que de supplications que Ponsard a ignorées! Ponsard a bien raison de le pleurer, il ne retrouvera plus, non plus jamais, une amitié pareille... hélas! — Mais soyez sûr que je ferai, de mon côté, tout ce que je puis faire pour calmer cet esprit naturellement inquiet, pour conserver ce grand artiste, si facile au découragement et à la tristesse. Aussi comptez sur moi et sur mon aide-de-camp, M^{me} Janin, qui aime beaucoup Ponsard, et qui a

(1) L'Honneur et l'Argent.

*voulu que sa maison fût la maison du poëte lorsqu'il est à Paris.*

*Ceci dit, je vous serre la main de tout mon cœur.*

*Jules Janin.*

*Paris, 8 septembre 1853.*

Le projet conçu par Janin et Michel Lévy, de publier les œuvres complètes de Charles Reynaud, ne reçut pas d'exécution ; plusieurs obstacles surgirent qui ne purent être surmontés. Il fallait avant tout l'autorisation du légataire universel de Charles Reynaud. Nous ignorons si cette autorisation lui fut demandée de Paris, mais nous pouvons affirmer qu'elle ne fut jamais sollicitée par ses amis de Vienne.

Ponsard ne connut que très-tard la nouvelle de la mort de Reynaud ; il ignorait sa maladie ; il était alors hors de France, dans les montagnes de la Savoie, et n'eut même pas la consolation d'assister à ses funérailles. Quand il arriva à Vienne, tout était triste et silencieux.

C'est alors qu'il composa cette touchante élégie qui est une de ses plus belles inspirations :

O mon cher compagnon ! moitié de ma pensée ! (1)

. . . . . . . . . . . . . . . . .

Cette mort foudroyante l'impressionna vivement. *Ponsard a écrit à ma jeune et chère femme*, nous disait Jules Janin, *une lettre déchirante; il a raison de pleurer, il perd, en perdant Reynaud, un homme qui l'aimait comme un père et comme un frère tout à la fois.*

Après l'insuccès de la tentative de Jules Janin, nous pensâmes qu'il fallait recourir à un autre moyen plus simple et plus pratique. A notre avis, il y avait quelque chose à faire; l'édition des poésies avait été enlevée en quelques jours. Il fallait prévoir l'avenir et sauver

(1) Cette pièce de vers parut pour la première fois dans une brochure intitulée : *Obsèques de Charles Reynaud;* Vienne, Timon frères, 1853; — on les trouvera dans les *Œuvres inédites de Charles Reynaud*, pages 48 et suivantes.

d'un injuste oubli la mémoire de notre ami.
Emile Augier, consulté, nous écrivit à ce sujet:

*Monsieur,*

*Je m'associe du fond du cœur à votre pieuse pensée
de consacrer un monument durable à notre pauvre
Charles. J'y avais déjà songé pour ma part ; seule-
ment, ce que je comptais faire, c'était une pièce de
vers et non une notice.*

*Je ne crois même pas une biographie possible en
tête du recueil que vous voulez faire. La vie de
Charles Reynaud n'a d'autres événements que ses
voyages et ses vers. Il a lui-même raconté les uns ;
tout le monde peut lire les autres. Ce que nous
pourrions ajouter, ce serait le récit de notre amitié,
et alors il faudrait autant de biographies que d'amis.
Les journaux que vous voulez rassembler racon-
tent mieux qu'on ne pourrait le faire le grand acte
de la vie de Charles Reynaud, son avénement à la
célébrité.*

*Quant à son dévouement à Lucrèce, Ponsard le
dira dignement dans les vers qu'il fait. Moi, je
raconterai dans les miens toutes les grâces de ce*

*cœur charmant, et nous aurons ainsi la plus com-
plète des biographies.*

*Il me semble, sauf meilleur avis, qu'il ne faut en
tête du recueil qu'un avertissement, deux mots sur
le but qu'on se propose, et quatre lignes donnant les
dates de la naissance, du voyage en Orient, de l'apparition des deux volumes et de la mort. On pourrait
y joindre quelques mots sur sa famille. Je vous
soumets toutes ces observations, Monsieur, et me
tiens, d'ailleurs, tout à votre service pour ce que
vous résoudrez de faire avec les amis de Charles
qui vous entourent. L'avis de Ponsard me semblerait
d'un grand poids dans la question.*

*Vous avez fait, d'ailleurs, un article très-touchant
à propos des funérailles, qui donne sur Charles tous
les détails intimes qu'il est permis de livrer à la
publicité, et qui pourrait tenir lieu de notice en y
joignant quelques détails succints et les dates.*

*Veuillez me tenir au courant de ce que vous déci-
derez, et croyez-moi votre bien dévoué*

*E. Augier.*

L'auteur de *Gabrielle* raconta en effet dans des
vers émus et éloquents *les grâces de ce cœur*

*charmant* (1), comme Ponsard avait dit dans les siens « son dévouement à *Lucrèce.* » Nous avions en main le manuscrit des premières poésies de Charles qui nous avait été *donné* par lui, nous publiâmes avec tous ces documents le volume intitulé: *Œuvres inédites*, et nous le distribuâmes à ses amis.

Pendant ce temps-là, M. Charreton, sculpteur viennois, exécutait un buste en marbre dont les frais furent couverts par une souscription faite par les amis du poëte. Cette œuvre, remarquable sous tous les rapports, a un mérite exceptionnel, celui d'une admirable ressemblance; ce buste a été placé sur son tombeau.

Enfin, M^me Reynaud, pour perpétuer le souvenir de son fils dans la population viennoise, a fondé une salle d'asile qui existe encore et qui porte ce nom : *Asile Charles Reynaud.* Cet

---

(1) On trouvera cette belle pièce de vers dans les *Œuvres inédites*, pages 100 et suivantes.

établissement de bienfaisance fut inauguré au mois de juillet 1854.

Nous sommes au bout de notre tâche; nous aurions pu donner plus de développement à cette biographie et mettre à profit de nombreuses lettres de Ponsard, de Janin, d'Émile Augier et de Charles Reynaud, mais il faut savoir se borner et éviter l'apothéose qui lasse bien vite et fait peur aux indifférents. Nous devions peut-être nous borner à dire: « Charles Reynaud mourut à 32 ans, il n'eut point d'ennemis, il passa sa vie à se faire aimer et à aimer jusqu'au dévouement, voilà pour l'homme; quant au poëte, ses vers l'ont placé au premier rang. »

Là en effet est toute sa vie; mais ces quelques mots ne nous ont pas paru suffisants. Reynaud est une illustration du Dauphiné et une de ses gloires les plus nobles et les plus pures. Il nous appartenait à bien des titres; nous avons été son camarade d'enfance et son ami, nos héritages étaient voisins, après sa mort nous nous sommes constitué un des gardiens vigilants de sa chère mémoire; nous ne pouvions donc refuser d'apporter notre modeste pierre au beau monument qui lui est élevé dans sa ville natale par un imprimeur viennois.

A. Fabre,

Président du Tribunal civil de St-Étienne.

Assieu (Isère), octobre 1876.

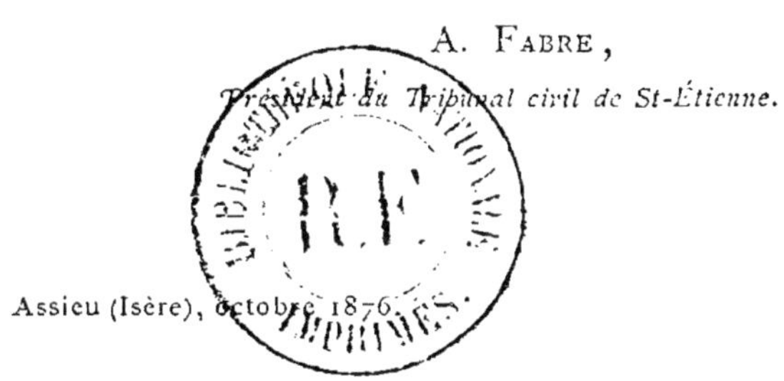